W9-AUW-723

letras mexicanas

119

ALBUR DE AMOR

Este libro se concluyó con el apoyo de la John Simon Guggenheim Memorial Foundation, concedido entre julio de 1984 y junio de 1985.

R. B. N.

Albur de amor

por

RUBÉN BONIFAZ NUÑO

letras mexicanas

FONDO DE CULTURA ECONÓMICA

Primera edición, 1987

D. R. © 1987, Fondo de Cultura Económica, S. A. de C. V.
Avenida de la Universidad, 975; 03100 México, D. F.

ISBN 968-16-2571-4

Impreso en México

1

Que el amor sea con nosotros,
errantes en círculos perpetuos
donde todo empieza en cada punto.

Todo trabajo es nuevo ahora;
es nueva ahora tu palabra
en cada ocasión que me designa.

Vértigo inmóvil de la rueda,
estable torre de la flama,
quietud paciente de la lluvia.

De tan rojas, brillan y azulean
las viejas lumbres de mis huesos.
Y todo transcurre hacia sus causas.

2

BUEYES, puercos años han pisado
sobre mí. Surcándome, pudriéndome.
Qué pesadumbre encolmillada;
qué patas, qué escamas, qué desastre.

Hoy muchos muertos me acompañan
y muchas pobrezas, y sepulcros
abiertos, sin causa recordados,
brotan, vomitan, me apedrean:
con barras de huesos me encarcelan.

Y la memoria me devuelve
míseros, amargos niños; rabias
envejecidas como calles
anónimas, como estar enfermo.

Igual que en otro mundo, en ese
mundo me encuentro; como en otro
tiempo, me persigo en ese tiempo
de otra ciudad entre los muros
de aquella ciudad que tú abrazabas;

que fuera lengua tuya, voces,
sabores; luz de piel viajera,
trenes del camino en que llegaste.

3

AUNQUE bien sé que no me extrañas,
aunque tengo la razón, me acuerdo:
el cáncer terminó; te ausentas
por todo lo mal que supe amarte.

Ya fui desventurado cuando
estuviste aquí, y en el momento
donde te vas, me desventuro.
La sola ventaja de estar ciego
es acaso no poder mirarte.

Ya morir sin arrepentimiento
es mi esperanza, y te lo digo
porque al fin te conozco;
que si he pedido muchas cosas,
pude pagar con sobreprecio
las pocas que me fueron dadas.

Mientras más mal te portas, mucho
más te voy queriendo, y porque espero
menos, me injurio y te acrecientas.
Así tuvo que ser: de tanto

que te procuré, me aborreciste;
tan sólo pesares te he dejado.

Raspaduras de celos, dudas
que no opacaron la certeza
de cuanto en ti me desolaba.

Tú, como si nada, te diviertes;
pero entristécete:
si todos sabrán que estoy quemado,
ninguno sabrá que por tus llamas.

Vete como de veras; pierde
el número atroz de este teléfono,
la dirección que no aprendiste,
aquel corazón tan despistado.

Igual sigue siendo todo; nadie
hay como tú, por mi fortuna;
pero a nadie como tú he llegado.

En el agua escrito y en el viento
quedó el amor perpetuo. Sombras.
Y me quemo, y de mejor violencia
—ay, mamá— te alumbro al apagarme.

Ya te conozco, ya obligado
soy a bien quererte y despreciarme.

Pero no, porque me da vergüenza;
pero sí, porque me estoy muriendo
sin voluntad ni penitencia.

Y por todo: porque no quisiste
permanecer, porque me olvidas,
porque me voy tristeando, gracias
te doy. Y por andar de noche.

4

Se derrumba el fuego en polvaredas
y tizones; se enceniza, puja
su tronar de grandes alas. Muerde
la última garra, entre el cloqueo
de ensangrentadas mansedumbres.

Así cantamos algún día;
merced a los colgajos de éste,
aunque lo cargamos todo en préstamo,
a nadie le pedimos fiado.

Tú, la del roído rostro oculto,
la del escudo sobre el rostro:
sin disfraces yo, de aquí te llamo;
ven tú, si puedes, sin disfraces.

Y no te imagines que te pido,
muerte, por mis años; en cascajo
te estoy mandando todavía.

Ningún provecho nos ganamos
con pasárnosla aquí gimiendo;

trabajan los hombres, llegan; todos
valientes, sabiendo lo que es miedo.
Nos ayudan nuestros enemigos;
aprendemos, peleando juntos.

Esto ya nadie me lo quita:
voy a llegar, aunque las fuerzas
me abrumen ya con que se acaban;
aunque traiga el alma melancólica.

Aquí empezaré, donde termino:
siempre habrá otra vez, y cantaremos
lo que no creímos que era nunca.

Ya en derrumbe, extinto, ya empolvado,
me alcanza esa noche que se calla
hasta endurecerse. En ese punto
muerto de los pueblos despenados.
Entre estanques de fantasmas, muros
volátiles, voz de gente en sueños.

5

Igual que el licor entre las alas
del cántaro, pesa entre tus hombros
mi corazón; tras tus costillas.

Gozo del río que no pasa,
del ramaje en paz, encandecido
hoja por hoja, y reparado.

El presente, ingrávido de años
idos y por venir, clarea
en traje de augurios conquistables.

Licor entre alas navegante,
barco dichoso, joya eterna
en llameante engarce de olas.

6

Casi de muerte, he recordado
ebrio de tardíos nacimientos;
solo con esta antigua lumbre.

Encarcelado de cadáveres
flojos, de impudor sexagenario,
nuevamente por caminos tuyos
o nuevamente tuyos, vengo
a mi corazón entre tus huesos.

Desmañanado, te contemplo;
sin mañana me despierto; oscuro
de hallarte ahora, de tenerte,
pura experiencia táctil, válida.

Hoy es el día donde vive
ahora la vida, y nos es nada,
por ahora, la muerte. Brota
flama el costillar desvencijado.

En préstamo te das; prestada
te volviste a mí por este instante.

En la tierra de ahora, en esta
tierra de aquí, nos encontramos.
Aquí. Ésta. Ahora. Tuya. Nuestra.

Desmañanado, sin mañana;
pero sin ayer, desayerado
también. Por puro gusto ahora,
no por necesidad, te nombro.

Entre agonizantes estaciones;
entre infantiles ruinas, trenes
de viajes cumplidos hace tiempo.

Y ciego de saberlo, y claro
de ignorarlo otra vez, recaigo;
subo de nuevo en vilo; alegro,
de tu cuerpo a mi sombra, el día
que por ser nuestro te llevaba
a ser tú de mi casa; a abrirte
dentro de mí, como el silencio
que conjuré en el despoblado
de una encrucijada boquiabierta.

Y eras tú, venida nuevamente;
toda secreta, despojante
en el santuario en que acabaron
las horas lívidas, la insomne

pregunta de no hallarte.
                              Y era,
el buscarte, verte. Sin tus sábanas,
sin tu color, sin piel, desnuda.

7

PULIDA la piel bajo tus rosas
de escamas, fomenta la corriente
lustral donde mis viejos años
vencidos beben sin saciarse.

La ambición de mi lengua, forma
el dócil espejo de tu lengua.

Y aquí comienza el canto nuevo.
Vestido aquí de harapos, canto.
Y nuevamente tú, me esfuerzo;
te cubro de gloria, te engalano
con mis tesoros de mendigo.

Si estuvieras otra vez, si fueras
de nuevo; si ardiendo de memoria
llegara a sacarte de tu casa
de niebla; si otra vez salieras
como carne de almendra dura
de entre las arrugas de la cáscara.

Los caracoles en tus piernas,
deleite del ver, y del oído,
los cascabeles en tus piernas.

Y ábrense y me miran y se vuelven
a mí los misericordiosos
ojos de tus pies, y de tus codos
los ojos me miran, y se abren
en mí los ojos de tus hombros.

Y a ti me llama el remolino
de hueso de tu ombligo, y ríen
en tu ombligo los azules dientes
con que amor espiaba y me mordía.

Hoy se desciñen los amarres
vivos de la cintura; hoy caen
los móviles nudos de la falda;
hoy las dos columnas se desnudan
y el nopal del centro ondulatorio.

Haraposo, canto y te enriquezco;
te contemplo fuera de tu casa.

En ti mi sombra a tientas busco;
sigo mi sombra en el reflujo
de los corazones de tu pecho;
de las manos en tu pecho, el préstamo
florido recibo y recompongo.

Tú, mi plumaje, mi serpiente;
mi plena de garras de ojos dulces;

mi madre del ala que se alumbra
en el corazón encenizado.

Si estuvieras aquí de nuevo
a la mitad fugaz del canto.
Si solamente te alcanzara.

Lumbre encontrada de mi sombra,
yo tu enviado soy; yo, que regreso
a los tres rostros de tu doble
rostro; a tu rostro solo y único.

8

No COMPASIVO, no clemente,
me acerco a mí; te recompongo
entre cadáveres fallidos,
entre lenguas dobles, y culebras
y cocodrilos, y entre lágrimas.

Blando de furias, escondido,
desde la esquina me desangro
por verte que sales de esta casa.
Y no sale nadie; no saliste.

Sólo por hacer que me recuerdes
aquí, me empobrezco en todas partes;
doy cuanto tengo: te devuelvo
tus muebles usados largamente,
tus cartas quemadas, tu retrato,
el cuarto donde me quisiste,
el patíbulo que me bordaste.

Harto de infierno, enherbolado,
enarbolo el manto de ponzoñas
con que en tus ruinas me abandero.

Estoy en tu casa: no es tu casa.
Cuelgan las ventanas, los visillos
se extinguen, se alquilan mis despojos.

Ya el clavo con que me clavaste
en tu pared, deshabitado
se herrumbra despierto y en desorden;
se arruga el pan, callan las sábanas,
no danza ya la mesa coja.

Hoy juego un juego que no juegas:
ya no te busco. Te amenazo
con mi lástima atroz. Ingrata.
Ay de la mugre, desgraciada;
qué vida me espera sin buscarte.

Te recompongo entre las deudas
que no he de pagar; en la salida
del corazón de mis andrajos.

Malditas palabras, devastados
joyeles en traje de hoja seca,
encarnizados embaúlo.
Y ya no sé por qué te fuiste
y me acabo solo, y no respiro
—despiadado— para escucharte.

23

Se sufre aquí, pero se enseña,
aquí te devuelvo lo que es mío.

Y te respiro y no te escucho,
y aquel cuarto de gozosa asfixia
se calienta y da su olor: me encharca
de cocinas en el mar, de especias
en tiernas bisagras fermentándose:
de los santos óleos que me diste.

9

De vigilias multiplicadoras
nacen los sueños. De dormidos
crece la pasión de estar en vela.

Lo que está hecho, sólo alumbra
por quien lo hizo. ¿Con qué manos
me hiciste, ociosas, alma mía?

Inmune al temor, a los asaltos
de la inmortalidad, me acerco
a acabar en ti, como al principio.

Cosecha en gavillas, consagrada
cita de la verdad y el sueño
en brazos de harina redentora.

No ES en mi año. Alguien te tiene,
no es en mi daño. Y sin embargo
me daña en la duda lo que fuiste;
y así me acostumbro, y lo soporto,
y hasta parece que me place.

Ya sin despensas de futuro,
mutilado soy por mis desechos.
Y alegre de no vivir un día
más, me complazco porque ahora
estoy vivo. Me rasco, duermo.

De nada te vale que, emboscado,
me chupe la hiel, y en copa de oro,
el veneno aquel que me serviste:
se me va olvidando ya el propósito
de recordarte, y ya me extraña
el haber sido quien te quiso.

Pero no sé qué me habrás dado
que me ardo de filos y de herrumbres;
que anda curtido y enchilado

por aquí mi corazón, y llora.
Tan exigente en mí, tan áspera
sigues de tiránicos abrojos.

Aunque me emborracho por perderte
o me atiborro de estar hueco
de ti, para encontrar quién eras.

Uñas para rascarme alargo
insuficientes; y estos huesos,
ya sin su vestido, se me salen
y te los mando, y en tu almohada
los dientes pela, ojos redondos,
otra calavera que es la mía.

Y habrán germinado qué semillas;
cuánta mala hierba habrá crecido
que, hendiendo sus sílabas vetustas,
hace que salten mis palabras:
losas de pavimento rotas
en la ciudad que fue del canto.

11

El oleaje de la hoguera,
en ti, de espumas rojas hierve.
Y enjoyando la diadema oscura
de la destrucción, despiertas: íntegra
por obra del fuego te renuevas.

Agostada y de noche, el alma
se dejó caer, enronquecida;
abandonada por sus calles,
en sus plazas desolada; ciega
bajo sus muros demolidos.

Y tú permaneces, vencedora;
te humedeces de sudor de llamas;
ardes, florida, entre tus manos.

¿Pero en cuál repliegue envejecido
de tu carne endiosada, inventas
la gracia? ¿Qué brasero inmune
con sus rescoldos recalienta
tu troje de aromas? ¿Te azucara
qué granada, en su panal de antorchas?

Infestada de tiempo, cruje
la corteza al quebrarse; en humo
las ráfagas puras se acrisolan.

Yo remonto en ti mis años; vuelvo,
a contracorriente, por tus años.

Víctima perdida del saqueo
de las mesas desmanteladas,
de las camas destendidas, junto,
por ti rapaces, mis jirones.

Y no hay memoria; ya no existes
de ayer; desdeñosa de haber sido,
gobiernas, nueva en cada instante;
aliento del día de una carne
sin resurrección, porque no muere.

Yo, derrotado y pobre, el alto
regocijo soy de tu victoria;
te doy placer con mis escombros,
con mis despojos te celebro,
a fuerza de hambre te desnudo.

Mientras tu vientre se amacolla
de flores de párpados salvajes
por olores negros calentadas,
cautivas en follajes bárbaros.

Íntegra y tú misma, te renuevas
en la espuma líquida del fuego;
de brasas te fomentas; húmeda,
te endulzas de ocotes de granada.

Y no hablo de secretos; digo
del patente cuerpo revelado.

Y digo ahora: abres las piernas
de par en par. Y los ijares
se azogan y ven, y se vacían.

12

EN QUÉ voy a creer ahora
que te has decidido a no mentirme;
si me estás cantando a todas horas
eso que no quiero preguntarte.

Porque en tus términos lo pides,
hago el balance —la cadena—
de mis deudas y mis posesiones
en el libro donde debo todo,
donde nada mío se establece.

Y tú tan tranquila. Me acabaste;
ni adiós me dijiste. Solo y mi alma
partida a la mitad, me abrumo.

Ay, qué esperanzas que yo pueda
dejar de vivir penando. Al irte
me cariaste el placer; avara,
de tus recuerdos me recoges,
en tus basureros me atesoras.

Dando esta canción de limosnero,
me restaño; la ilusión me formo

de no sentir dolor, seguro
por las compasiones que me hago.

Y te lo digo: me avergüenzo
de haberte hecho tu corona de oro.

Hoy te la quito:
con no lamentarme te destrono.
Aunque disfrutada por trescientos,
aunque pretendida, sola mueres.

Se sabrá de ti porque yo quiero
hoy escribir, y aquí, tu nombre;
es lo de menos que tú existas.

Y no te voltees a mirarme
ya, como antes.
                    Pero qué ojos tienes,
cómo te endiosas caminando.

¿Dónde estaba cuando me miraste;
en qué regazo, entre qué ramos
de flores, confiado me mecía?
¿Me segaste con qué guadañas?

Amachado, me aguanto. Miento.
Te buscaba, y no. Para cumplirte

vengo a llorar, como los hombres,
en donde no haya nadie. Así me quiebro,
porque doblarme nunca supe.

13

Avieso, sus moscas derrotadas
confiesa el dolor, en esta hora
donde toda ruina es extranjera.

Juventud abolida, júbilo
de haber pasado; estar presente;
paraíso gobernado, fuerza.

Fuerza consumada en el descanso
de ir retornando al ir partiéndose.
Sólo existe el término de amarte.

Y es el abrazo. Es la mazorca
de estelares maíces grave;
la aspersión de la luz, el triunfo.

14

Hoy, porque no quiero entristecerte,
no has de llevarme a donde quieras;
en marchita cuna está meciendo
a tu ajeno corazón el alma.

Bajo el tiempo enraizan los pesares
viejos, cansados ya de serlo;
ni con el tiempo, aunque te olvide,
se desaparecen; no me dejas.
Tú, sin conciencia; tú, sin pena,
de esta muerte vienes a apartarme.

Llevado por la mala, canto,
para contentarte, cosas míseras;
sólo por venir a verte, vengo.

—Ya no sufras, corazón; a nadie
le va importando lo que alumbras;
fuera mejor que te apagaras,
mejor se acabara esta querencia.—

Desvelado, te sueño; insomne
me apasiono por soñarte sola.

Y se me cargan la premiosa
verdad, y la cantina espesa,
y los licores del recuerdo.

Tú me das en qué pensar. Y mientras
yo pienso, puedes tú reírte.
Vas a vivir sin mí. Ya alguno
te dice —y mejor— lo que te dije.
Tú, como nueva; tú, sin pena.
Y yo negaré que te he querido.

En tu lección de despedidas,
aprendo cuanto soy. Decrépito,
cabizbajo y sin llorar, me miro
en los agujeros del zapato.
De agujeros es mi espejo ahora.

Desencordado y sin guitarra,
hago segunda a tus adioses
con mi desgracia. Estás conmigo.

Hablo nada más por darte el gusto
de ver cumplidas mis habladas.
Al otro lado de este puente
roto, de esta puerta clausurada.
Y me hago el dormido, porque quiero
pensar que no vuelvo a despertarme.

Un orgullo tan sólo tengo:
no me encontrarán cuando me busquen
de espaldas, porque estoy de frente.

15

De pie en los rostros del oprobio,
libre de sueños, profetizo
con la evidencia. Tú, opulenta
de carnales respuestas, cortas
este nudo ciego de preguntas.

Tuyo, el deleite de hacer sombra
sobre la tierra; de ser peso
sensual; de enternecer la silla
donde te ordenas; y entre sábanas
tu lecho ahondas, y te encuentras,
como recordando, en las mañanas.

Copa tallada en una gema,
tiembla tu corazón; se inclina,
se derrama sobre las vertientes
de las delicias despaciosas.

Y tus rincones paulatinos
se aureolan con tu santa dicha
de ser agua sedienta, dádiva
de ti misma, cóncava y convexa;

de exprimirte a solas en la boca
tu esponja de sabor; visible,
olerte de especias o de leche.

No hay acabamiento; por encima
de las provincias devastadas,
te cierras de joyas esenciales.

Y un huerto de asombros te florece,
regocijada te reúne:
el penacho solar, la máscara
en las joviales coyunturas;
los lazos bicéfalos; de música,
la cintilación de las mejillas.

Arrumbada, la presencia hendida,
los miembros en círculo dispersos;
quedó el isleño tronco aparte
de la cabeza boquiabierta;
los cabos del muslo, reducidos
entre flecos pálidos; la espiga
descoyuntada de los hombros.

Y de pie, y despierto, lo presagio
porque te pregunto y me respondes:
pudo creerse que vencía

la arrugada perfidia obscena.
Y se derritió bajo las joyas
de la belleza primogénita.

16

Adiós, adiós, mis compañeros;
me presento, por si no lo saben:
estoy de más en esta vida.

Como herencia me tocó, y por ganas,
la de cegarme y quedar trunco.
Y tú de mis brumas de ojimuerto,
vestida de vidrio, te quitaste;
de mis muñones, desvestida.

Con el descanso de morirme
por diversión, me desayuno;
quién sabe qué guerra habré perdido
que me ladran dos coyotes de hambre
debajo de esas cejas puestos.

A ti, consentida, que te toque
la buena suerte; que te quieran,
que no te cases con un pobre:
fueron de fiesta los padrinos
y la iglesia que te bautizaron.

Me cerraste tu puerta. Afuera,
para hacerte conquista, escribo
mi nombre en la lista de tus muertos.
Y será la flor que te acomode
el cempasúchil de noviembre.

Compañeros, me voy. Les quedan
la cobija donde me tendieron,
los aguardientes del velorio,
el hombro con que fui cargado.

Inocente y blanca te acostaron,
roja amaneciste y condenada.
Por amor del diablo, una limosna
para los deudos de este ciego.

Y no pienses, ya que así te portas,
que me voy a dejar de todos
yo que de ti sola me he dejado.

Perdí el albur, pero me sobra
el valor. Lo escribo y te lo firmo:
lloro por las sotas, pues bien sabes
que los caballos me dan risa.

17

Bienvenidas de ácidos y sales
tus umbrales extienden; labios
del odre oculto, derramándose.

Taciturna, la cisterna alegre
en su centro salaz, la almendra
al fondo del túnel, custodiada
de oscuros anillos sucesivos,
sabe tu nombre y te lo dice.

Y en sus líquidos te encuentras; ardes
al escurrir en blandos valles;
capilares arborescencias
riegas, en estuarios te difundes.

Y bodas de aceites y resinas
convocan proféticas mareas;
es fuente la cisterna, espacio
marino, son los valles trémulos.

Concesión de la gozante esfera
del cántaro materno, estéril.

Y viejas monedas consumidas,
en arras vírgenes renacen.

Testigo causal de tu deleite,
parte ajena tuya, me concibes.
Y entregas tu cuerpo a lentos fuegos,
y el sabor de la carne rige
su ascenso de lenguas interiores.

Mar de brasas tú misma, orientas
una procesión de olas en marcha
por tu lujuria sediciosa;
con el deseo te complaces
recomenzado y conquistable;
el deseo siempre por cumplirse.

Eterna procesión en círculos,
natal regalo de ti misma;
feliz ofrenda de cansancio
para tus reposos momentáneos,
a una duermes y vigilas:
entre tú y tú y en ti: viviente.

Y escuchas tu nombre, y te recuerdas,
y el ancla anhelas que en el fondo
te muerda, y el vuelo que al cumplirse
puebla la haz de ceras y de plumas.

18

Casa de umbrales construida,
sólo de dinteles coronada,
de muros aéreos, transitables.

Fruto de perfecta flor, ceñida
fusión de esperanza y cumplimiento;
terrestres promesas restauradas.

Dame la mano, mi alegría;
horno de oscuras fiestas, templo
donde el olvido es la memoria.

Y perpetuos dinteles mide,
con sus cinco puntas ambiciosas,
la estrella sensual que nos conduce.

19

Vencido el atrio, desvestida,
te tocas inmersa en el prestigio
de cuanto eres, y en tus telas
mansas te despliegas. Respondiéndote,
caderas, brazos, pechos, muslos,
la custodia del placer irradia.

Y la música de las esferas
hemisféricas, vas formando;
a tu santa cítara aplicada,
con movimiento diestro riges
el templo gozante que sustentas.

Fluyendo en secreto, inaugurando
tu pila bautismal, el negro
licor de consagrar, el cáliz,
de hallazgo en hallazgo, minuciosa,
lo aprendido de memoria olvidas,
la acción original gobiernas.

Brillan en la lengua matinales
exploraciones; en las yemas
el deleite alumbra espejos claros.

Mientras desfallecen los amantes
en cines pulguientos; entre olores
de otros, en colchones alquilados;
mientras en quicios clandestinos
se desmorecen; sobre baches
de ruido, en camiones, derrengándose.

Como va a la sed su abrevadero,
vuelve el mediodía a su mañana;
a su frente de enjambres, vuela.

Regresa el relámpago a su nube
donde se cumple; y el conjuro
del oro retorna a su campana.

El pie su huella recupera
sobre el estruendo de las aguas
increadas. Va sobre las aguas.

Nada se crea, resucita
todo. ¿De qué tumba despoblada
vuelven las palabras que te digo?

21

Sacerdotal potencia, erguida
cobra coronada o, de sonora
virtud caudal, víbora santa:
indecente deidad te hiciste
para admitirme en tus santuarios.

Crisol, obra magna del orgasmo.
Y en él, tan brevemente eterna,
tú, siempre en breve eternizada.

Rústicos, tropiezan mis asaltos
en el umbral de tus deleites;
tú los levantas, los traduces
a tu placer, me civilizas.

Templo de puertas complacientes,
te das sin disimulo; adiestras
y guías las hordas al saqueo.

Quejumbrosa fruición, o gracia
gimiente al contemplarse, gozas
el triunfo que otorgas, y te vences,
y para vencerte te trasmutas.

Rasgas tus velos, abandonas
tu vieja piel en las espinas,
ancha y tendida resplandeces.

Y te cubren tetas en colgantes
racimos de series sucesivas;
un pueblo de vientres te acontece
entre acopio de caderas; manan,
multiplicándose, tus brazos;
alzas las piernas en bandadas,
con lenguas sin número te lames.

Mezclada y unida por canales
de ramajes cálidos, poblándote,
tus finales vas recomenzando
siempre más allá, por alcanzarte.

Mientras su brocal adensa el vaso
único, latiente y al acecho:
la animal concentración bivalva.

Tinta y papel estoy pidiendo
para escribir mi última carta;
sin tinta y sin papel, te escribo.

Hoy me juras que mi amor te sobra;
que yo he de alegrarme, pues me dejas
el gusto de morir sin verte.
No lo siento por ti —ya saben
todos por qué acabé— al que siento
es al que se paga en tus abrazos.

Mortificado, te doy pruebas
de que me importas; tú me dices
que ya no te importo. No te vayas,
mi contestación te está faltando.

Si por falsear tus juramentos
se te pusiera negro un diente,
si una de tus uñas se rajara,
tal vez alguno te creyera.

Pero en público te luces, mientes,
sales cayéndote de buena
con las risas de tu mala entraña.

Camino de oscuros paredones,
yo me retiro; me voy lejos
con la esperanza de acabarte;
y aunque en mirarte ya no pienso,
te me representas dondequiera.

Frente al cuadro del fusilamiento
a entregar mis armas me resisto:
el que te está escribiendo es otro,
ultimaron a quien te quería:
con morirme cumplo. Estoy cumpliéndote.

Para que aprendamos a morirnos,
con emboscadas nos despluman;
en cada esquina de esta noche,
en todas las calles de esta vida.

Ya el olor del panteón me llega
revuelto con tu olor de limas:
así, algo tuyo me trastorna
hasta la paz del camposanto.

Ni ésa tendré. Pero tampoco
vas a tener con qué pagarme
las penas con que te he querido
ni las maldiciones que te he echado.

23

CARBONIZADA entre las brasas
de tu plenitud; exasperada
de grietas de ceniza; hendida
de caídas de celestes cuerpos;
desteñida y frágil; coronada
del rencor de los años; rota.

Y pensar que estuvo aquí tu risa,
que estuvo el alba de ese estío,
que aquí la gracia tuya estuvo;
los rostros con que me mirabas
oscuro y creciendo del relámpago
donde vencido me tenías.

Y eras el recinto para el juego
del incendio ritual, y el traje
de la desnudez ilustre; el nudo
resuelto, la fuga de las alas
del ceñidor bajo tus pechos.

Huérfano ya, te miro ahora
como entre enramadas, mutilado.

Pero aunque no quiera, aunque no sepas,
sigue jiloteando aquel espejo
que hace nacer mi corazón;
más caliente allí, más verdadero
que en sus rejas blancas, y más junto.

En ruinas las causas de la ruina,
de entre tus rincones me recobro;
en vuelos de turquesas, preso;
pobre, entre manzanas enjoyadas;
de aceites narcóticos, despierto.

Y reconozco en ti la dicha
que el tiempo me salvó; plegaria
con que todo era dado, y todo
es por merced y venia tuya:
el dónde, el cuándo, la certeza
de poder decirte que subsisto.

Carbonizada, hendida, rota,
sin peso terrestre, exasperada,
la cáscara rómpese y se rinde.
Y en cristal y en ámbar y en delicias
se restaura el rayo de quien nada
se esconde; el alba de la risa
en triunfo llevada, vencedora.
Y estoy vencido y te sujeto.

Donde se yerguen tus mazorcas
de placer, donde hay deleite, y tienes
los pechos libres, la desnuda
ilustre alegría de la carne;
los caminos de la tierra, el reino
de los mercados de la vida.

Sɪ ᴍᴇ preguntan quién estuvo
aquí, les diré que tú te fuiste.
Que ya presume de espolones
aquel pichón: allá se esponja,
bien relumbroso y perfumado,
entre muchas rosas abrazándote.

Por padecer, para encelarme,
siempre escogí de las mejores;
pero se me va cerrando el mundo,
me voy quedando sin repuestos.

Como si me viera con ladrones
en tu casa, cuando me he metido
a robar también, me hago el honrado.

Y digno tal vez de mejor flama,
el hígado vuelvo, resentido,
a tus amores terminados;
soplo en esta costra de ceniza.

No me quejo de que te hayas ido,
lo que me duele es que te dejo;

que, porque los otros no me gasten
lo que trabajé, lo estoy tirando.

Ten presente
que yo te serví, mientras pensabas
que ya de nada serviría.

Apretada entre rosas, piensas
que yo quisiera recordarte;
que al jalarte me descobijaron.

Pero no me dejes otra carta,
ni una paloma, ni un espejo;
para abrazarte de memoria,
que me den tus zapatos viejos,
tu vestido blanco y ulcerado,
los listones con que te peinaste.

Ayer me pudiste. Pero andamos,
y en el camino nos veremos:
pues podrá ser que se te olvide
mi amor; pero esos tiempos, cuándo.

EBRIEDAD de subir, buscando
la ebriedad de bajar; camino
donde es penetrable la materia.

Tabernáculo del laberinto
elegido, donde no se encuentra
sino quien pierde la salida.

Cuerpos paralelos que en un punto
colman el mismo espacio; lenguas
de la unión en cantos contrapuestos.

Gozo plural de la escalera
en cruz, girante; simultánea
música en claves de peldaños.

26

Mal me pagaste; malamente,
con volverte, me correspondiste.
Y huérfano, y en el sepulcro
de estas noches donde me haces menos,
muerto, alumbro porque no me olvides.

A otro le diste tu palabra
de casamiento; que te deje
el otro. Muy grave es mi dolencia:
te digo que tuyos son los celos,
que en qué momento pude amarte.

Porque enviudaste de mis penas
piensas que estás alegre; odiándome,
llamas contento a tu desgracia,
te refocilas, me rescindes.

Aborrecida, te mantienen;
no me diste ni agua, ni siquiera
te condoliste; aunque me queme,
ni agua te pido, ni quisiera
ya que te murieras cuando duermes.

Pero no se vale lo que hiciste:
desde abajo, hundido, no comprendo
qué te ganaste con matarme.

Y te andarás paseando mientras
me pudro; mientras me engusano
—tuyo— dormirás tus largas noches.
Pero escucharás menos y menos
que te echen en cara que las duermas.

Viuda, engordando, acompañada,
habrás de recordarme; entonces
—ya me habré ido— a la distancia
se cumplirá lo que hoy te digo:
al menos probarás un poco
tus cucharas y tu medicina.

Engolosinada en tus laureles
—ya soy difunto— me echas tierra.

Mira lo que has hecho: con decirme
que me querías, me expulsaste.
Si no estás, si te estarás gozando
porque nunca me dirás quién eras.

27

HAMBRE de muelas en faena
alegra la vida con los riesgos
de la perduración. Honores
de cuerpo presente estoy rindiendo
a la mortaja de la muerte.

Yo trovador, con esta escoria
de guitarras ajenas, vengo
a confesar mi gloria: sólo
por este pecado he de salvarme.

En los inocentes esponsales
de mi crimen; sobre las cumbres
del temor vencido, me confieso
ante ti, concorde y desvelado.

A alcohol y fuego, a son de cuerdas
agrias, me convoco a tus mareas
de entrañadas olas minuciosas.

Tú, en tu cama de arenas claras,
en los bordes de la gruta, asomas,

caliente rana pulidísima,
tu cuerpo en paz, recién parido.

Ebriedad del vino consagrado,
de los labios del odre sales;
parida de ti misma, dada
a luz y a sombra por ti misma,
en traje de olores te proteges,
te arriesgas de olores anunciada,
de olores de fuente me acongojas.

Y el cerco del barro primigenio
me recorre de alas con su aceite
inexhausto, y el otoño invierna
en mi acabada primavera.

Todo está cerca el mundo; pesa
palpable todo, y son de tacto
los sentidos. Como siglos plácidos
se humedecen; como bocas nuevas
de flor de frutas instantáneas,
hablan del final de la sequía.

Y son los sones del periplo
de la madrugada, y te merezco
sólo por el pecado; casta
en lentas corrientes de lujuria,

bautizada a solas con mi nombre
por tu matriz que te encerraba.

Calle de la ciudad; sitiado
desembocadero de las plazas.
Me muero de hambre, sucediéndome
en destempladas notas. En ayunas
las muelas mastican y prosperan.

Fruto y quicial del templo bárbaro,
como en roja vulva de montañas
libradoras de la luz terrestre,
tú, recién desnuda; tú, pariéndote
ebria y pulidísima, arriesgada,
tu ventana vences, los umbrales
de este otro espacio en que me absuelves.

28

Rasposo de turbios guitarrones,
de rasposos violines turbio,
mi cantar de sordos instrumento.

Me paro a ciegas; me golpea
la puerta que cierras, en la espalda;
mudo, lo soporto; en la banqueta,
salpicado de agujas rotas,
de tijeras de hoces, de machetes.

Y por fuera inmóvil, te acongojo
y te llamo en mi alma, te persigo
con las dementes aflicciones
del pescado boquiherido, en seco;
del corazón desaforado.

Se tupe el chubasco, y en la calle,
entre dientes líquidos, fatigas
de suelas caladas; sedentario
de pesares, de transidos lloros,
se moja este amor encallecido.

Pobre de mí. Ya no te asomas.
Reposan dormidas tus persianas.
No tienes que ver con mis trabajos.

Como el aguijón del bien perdido
que se halla a veces sin buscarlo,
hallé tu dolor bajo mis llagas.

Y aunque lejos, aunque no me tienes
voluntad, aunque te estés burlando,
pienso que te gusta recordarlo;
que enlutada, para que se sepa
que me maté por ti, me lloras;
que orgullosamente me sepultas.

Dirán que no me aguanto; dicen
que yo no lo sé. Para que digan,
con la voz de entre semana puedo
darles las palabras del domingo.

Ya me voy. Ya olvido. Ya ni cuento
cuántas horas tengo de no verte.

29

ALZA las mareas con los himnos
de pueblos en paz, la profecía
del pan y el pez multiplicados.

Es el momento indestructible
donde tú y yo nos perpetuamos.
Algo, que allí está, me pertenece.

Sedición lograda, la victoria
sobre el morir vivaz. Presencia
de la savia azul en la hoja fósil.

Cópula primera siempre; bodas
bautismales, casa compartida,
mezcla indisoluble, sacramento.

30

SABIA en los crisoles, en los hornos
del placer, tu vida vas ganando
con el sudor de tu deleite.
Y es regocijo entre tus piernas.

Máscara juvenil de siglos
que junta tus fuegos en la noche
de las riberas entrañables.

Un juego de goznes y poleas
marca, pentagonal, tu cuerpo:
el surtidor del cuello, el doble
ritmo de los pulsos subcutáneos,
el ritual gemelo en los tobillos.

Lindes da a la angélica familia
del ámbar sudado, y en el centro,
da ámbito a la máscara del rostro
sexual, por ti sola conocido.

Hervor de mareas y de antorchas
sofoca tu vientre;

sus volantes cántaros de aromas
rompe el bestial incienso; un punto
hay, donde florecen las espinas.

Y en la máscara de obsidianas
reticulares, miran, húmedos,
los ojos que una vez se abrieron
de incrustadas conchas en la piedra.

Perdido el cuarzo de los dientes,
laten las encías gustadoras
del poder de ensangrentados meses;
del líquido sin precio, el agua
de la ablución purificante.

Entre cinco puntos y por cinco
caminos; por cinco potestades
multiplicada, te reúnes.
Entre tus piernas te comprendes.

Y la espuma del placer te lustra
con las centellas de naciente
sal recién pescada, todavía
viva en el vacío de las redes
del regocijado vencimiento.

31

EL VÉRTIGO del pozo angélico
gira y echa flor en los desiertos
de la sal, y les procura puertas
y pájaros cálidos y frutos.

Nueva, la carne se acrisola
bajo la estéril costra; humea
la ciudad corrompida: antorchas
y granizo de azufre. Y sigue
la derrota de mis fantasmas
en su remolino de cegueras.

Y en lo que no puede comprenderse
ejerzo ahora las palabras.

Yo, el desterrado; yo, la víctima
del pacto, vuelvo, el despedido,
a los brazos donde te contengo.

De rodilla a rodilla tuyas,
la palma del tenaz espacio
se endominga y tensa su llamado:

su noble cielo de campanas,
su consumación en la sapiencia,
su bandera común de espigas.

Y el tacto mira, y en sus ojos
se inscriben hechos memorables
a salvo de ayer y de mañana.

Envejece inútil el castigo
a lo lejos, mientras tú, de estrenos,
suavizas tus misterios vírgenes,
la migración de tus arroyos
placenteros, tus racimos trémulos.
Y errante y vivo, te conozco.

Tú, la estatua blanca, establecida
en el centro que no se muda;
la sal asombrosa del incendio,
el horno sagrado de estar viva.

La ciudad pequeña tú, mi puerto
de tierra adentro; sembradora
de claros jardines, habitada.

Depuesta por las llamas últimas
sobre las playas de ceniza,
tú, milagro de la estrella fósil,

o pasmo de moldes interiores
en el caracol de tibia púrpura,
o perfecto mascarón de proa
en el tajamar erosionado.

Y con qué exigencias me reclamas;
me enriqueces con qué trabajos;
a qué llamados me condenas.

Cuando un girar de golondrinas
arteriales, se transparenta
por entre estériles desiertos; rige
lo incomprensible en las palabras;
cobra el fruto ansiado de las puertas
con los cerrojos descorridos.

32

Quizás una sola vez se vive.
¿Para qué desdeñarse, entonces?
Prendido al árbol desastrado;
ahorcado, nocturno, dando vueltas,
desairado y sin aire, cuelgo.

Me pierdo con sólo recordarte;
sin decirme cuándo, me dijiste
que sí. Abriendo tus barajas de oro
me jugaste a matar: son tuyos
mis pesos falsos, devaluados.

El cuchitril de la esperanza,
revendido ya, te pertenece,
y la ganga añoro de otros días.
Ay, juventud; ay, miserables
jirones de alcohol, sentencia
de muerte; ay, pasillo condenado.

Ausencia sin olvido, tiempo
sin olvido. Y no sirvo, y no me tapa
ya ni la tristeza.

Y podré encontrarte, por decirte
que no volverás, que espero siempre.

Bajo el mal trato de los años,
viejo, te pruebo tus palabras
con boca perversa, y no me importa
que me mires llorando. Y callo
y me amarro para no buscarte.

El durable hielo de otro sueño
afirma antiguos puentes, cuaja
los trasudores de esta fiebre.

Quizás viví una vez. Acaso
tú inmortal sabes ser, valiéndote
de la miel central de tus espinas;
te calzas de sirena, cantas
en el oscuro, con tus islas
claras de lujos no tocados.

Y yo no tengo a dónde irme
ni me quiero quedar. Visible
estoy, ahorcado, sintomático.

En tanto que todas las liturgias
obscenas, las culpas relumbrantes
en ti se recogen, te desnudan

con el amor de las mujeres
que no me amaron.

Ya no me aflijo; nada tengo.
Ni siquiera las memorias tristes
ni los males en que me dejabas.

33

FELIZ la chancla en que aposentas
tu pie; feliz la falda henchida
por tu percha de radiantes lujos.

Vieja tú de tantos años míos,
envejecida por mis años;
ya no fungible, ya incambiable.

Todo, con morir, nos sobrevive;
en nosotros nos sobrevivimos,
de gratitud nos alumbramos.

Y canto al día que retorna
cuando nunca se ha ido; el traje
interminable de tu fiesta.

34

DE VIAJEROS ojos subcutáneos
en concierto visual, te miras;
tocas la opulencia siempre a punto
de desparecerse; la que nunca
se desparece o disminuye.

La simplicidad de lo perpetuo
te promueve a más ilustres órdenes;
el hervir secreto de una aurora
depositada entre montañas.

Y en sus místicos invernaderos
vas recuperando la memoria
que dista de ser tan sólo tuya;
el deleite alcanzas, como el solo
fruto esperado de tu vientre.

Engendrada por edades largas,
más duradera que la muerte;
por días mínimos parida.

Sibila plena de mil años
sobre el trípode poseída;

táctil imperio, boca pródiga,
corazón carnal de las promesas.

Templo caliente, boca arriba
sobre el promontorio que desciende
al navegable mar; santuario
que se despide y recomienza.

Y curiosas manos oculares
te nacen, concertadas; miran
bajo tu piel; de tus caderas
a tu vientre; acechan de tu vientre
a tus pechos; de tus pechos pasan,
por tus sobacos, a tu espalda:

Edades de lumbre, nadadoras
en anchas corrientes bautismales.

35

SUELTA su vago humor de vidrio
contrito, mi alma; desde el fondo,
un burbujear de fango encrespa;
y el águila insomne que empollaba
en mí las brasas del valiente,
ya dormitando, cacarea.

Y así me van dejando, amigo;
así se enmustian mis guirnaldas.
Ni siquiera una pasión me mata:
de grietas torpes, de penumbras,
ciego de enfermedades sórdidas,
ya no me miro.
           Ya mi fuerza
no anda con mis piernas; ni mis brazos
se cumplen moviéndose, ni medra
mi corazón en la alegría.

Luego, el ir viviendo, y el doliente
espejo calvo en las almenas
de la cabeza; la oficina,

la mano cortada, la costumbre
de perder los gustos que uno amaba.

Piedra es mi lengua entre cenizas.
Pues cansado estoy, pues viejo a voces,
pues solamente voy jalando.
Un fruto seco reproducen
las costillas descorazonadas.

Ni por si acaso ya me miro;
en la cara aguanto, al descubierto,
los resollares de la noche.

Pérfidamente, la vergüenza
benévola del carnicero,
vio la lustración inalcanzable.

Y el vino y la sal y el pan y el agua
lloran, y me alejan sus guirnaldas
en conmistión; me desamparan
las brasas del poder, el águila
combustible; duerme el aspersorio
del orgullo, el verbo reviviente.

Amigo, amigo. Se enmustiaron
mis flores marchitas; en desgracia

recordando voy, como de vida.
Y para acabar, por no rendirme,
no canto ya ni me despido.

36

Son olor de lluvia tus cabellos.
Nocturna memoria del estío.
Y el umbral ansioso de la casa
se alegra en tus zapatos rojos,
tu peso de musgos claros goza.

Y los efluvios de tu abrigo
mojado, y tu sonrisa, vienen,
y el triunfal asedio de tus brazos
en mi cuello, y tu mirada en fuga.

Sube el vino azul de estar contigo;
trasmuta la vivienda oscura,
su canon de puertas frente a frente,
en flamas de túnel submarino,
en fiesta de barcos, en jardines.

Socorro de mis años, dices:
"Y yo a ti." Canción para cantarte,
adorno de tu voz, diadema.

Y estás en tu cuerpo, y nuestros pasos
juntos, una vez, se reconocen
en el corredor de aquella casa
que no fue la casa que buscamos.

37

Lumbreras de cimas desgreñadas
queman sus cohetes de colores,
su granero de astros a la mano.

El incienso animal del alma
da en ti su olor, te conglomera,
en pálidas telas te difunde.

Y el ritual corona el sacrificio
amnésico, el instante coagulado,
la disolución de los instantes.

Concierto táctil de la altura
—visual— incendiado; enternecido
rincón de la vida perdurable.

ÍNDICE

Albur de amor, de Rubén Bonifaz Nuño, volumen 118 de la colección LETRAS MEXICANAS, se acabó de imprimir el día 30 de marzo de 1987, en los talleres de Gráfica Panamericana, S. C. L., Parroquia 911, C. P. 03100 México, D. F. Se tiraron 3,000 ejemplares, y en su composición se utilizaron tipos Bodoni 12:13, 10:11 y 8:9 puntos. La edición estuvo al cuidado del autor.